ORATHAY SOUKSISAVANH
Photographies de CHARLOTTE LASCÈVE

LE B.A.-BA de la cuisine *vapeur*

MARABOUT

Sommaire

LÉGUMES

PETITS FARCIS

VIANDE & ŒUFS

POISSONS

RIZ & CÉRÉALES

DESSERT

JARDINIÈRE PRINTANIÈRE

Pour 4 personnes

1 botte d'asperges vertes

\+

200 g de petits pois frais écossés

\+

3 carottes nouvelles

3 navets nouveaux

\+

2 pommes de terre nouvelles

\+

50 g de beurre

20 minutes de préparation
18 minutes de cuisson

- Nettoyer et éplucher les légumes. Retirer la base dure des asperges et les couper en 3 tronçons. Détailler les carottes en rondelles, les pommes de terre et les navets en cubes.

- Dans le premier panier, mettre les pommes de terre, les carottes et les navets. Cuire 12 minutes.

- Ajouter le second panier avec les asperges et les petits pois. Cuire 6 minutes.

- Verser tous les légumes dans un plat avec le jus et le beurre en dés. Assaisonner.

LÉGUMES VERTS VAPEUR

Une base - 4 recettes

COURGETTES
× 2

+

POIS GOURMANDS
250 g

PETITS POIS
200 g

MODE D'EMPLOI

Couper les courgettes en rondelles. Disposer les légumes dans un panier en mettant les petits pois en dernier sur le dessus. Cuire 7 minutes environ. Pendant la cuisson, mélanger tous les ingrédients de la sauce (sauf la mozzarella qu'on dispose sur le dessus des légumes). Saler et poivrer, sauf pour les sauces à base de sauce soja où l'on ajoute seulement le poivre. Napper les légumes de sauce avant de servir.

LES VARIANTES DES LÉGUMES VERTS VAPEUR

1 GINGEMBRE-SOJA

GINGEMBRE
15 g, râpé

\+

SAUCE SOJA
4 cuillerées à soupe

\+

HUILE DE SÉSAME
3 cuillerées à soupe

2 BALSAMIQUE-AIL

HUILE D'OLIVE
4 cuillerées à soupe

\+

VINAIGRE BALSAMIQUE
3 cuillerées à soupe

\+

AIL
× 1 petite gousse, pressée

3 CITRON-MOZZA

CITRON BIO
× ½, jus et zeste

\+

HUILE D'OLIVE
4 cuillerées à soupe

\+

MOZZARELLA
× 1 boule, en morceaux

4 SOJA-TAHINI

SAUCE SOJA SUCRÉE
3 cuillerées à soupe

\+

JUS DE CITRON
× ½ citron

\+

TAHINI
60 g, délayé dans
un peu d'eau chaude

HARICOT, CHOU & SAUCE SÉSAME

Pour 4 personnes

250 g
de haricots verts

+

1 cœur
de chou chinois

+

½ citron bio

2 cuillerées à soupe
de sauce soja

+

2 cuillerées à soupe
d'huile de sésame

+

1 cuillerée à café de
graines de sésame noir

10 minutes de préparation
12 minutes de cuisson

- Nettoyer les légumes, équeuter les haricots. Couper le chou en 12 quartiers.
- Mettre les haricots dans le premier panier et cuire 6 minutes.
- Ajouter le chou dans le second panier et cuire 6 minutes supplémentaires.
- Mélanger le jus de citron, la sauce soja et l'huile de sésame. Égoutter les légumes, napper de sauce, mélanger. Servir saupoudré de graines de sésame.

LE B.A.-BA
de la cuisson vapeur

Pour cuisiner à la vapeur, quelques ustensiles peu coûteux sont incontournables.

marguerite en inox
Elle s'ouvre en corolle et se met au fond d'une casserole. Bon marché et peu encombrante. En revanche, il faut surveiller le niveau de l'eau. Pour cuire : légumes, bouchées, poisson.

CONSEILS ET ASTUCES

- Il faut veiller à maintenir un fond d'eau bouillante dans la casserole mais l'eau ne doit jamais toucher le fond du panier, sous peine de détremper les aliments.
- Pour la cuisson de pains, flans et petits gâteaux, il est préférable d'envelopper le couvercle d'un torchon pour éviter que les gouttes d'eau ne retombent sur la pâte.
- Pour éviter que les aliments n'accrochent, on peut huiler le panier ou le garnir de papier sulfurisé préalablement percé pour laisser circuler la vapeur.

CUIT-VAPEUR ÉLECTRIQUE

C'est l'ustensile le plus sophistiqué pour la cuisson à la vapeur. Doté d'une minuterie, il est conçu pour avoir une chaleur constante. Les paniers et accessoires sont également parfaitement adaptés et permettent de cuire de grosses pièces. En revanche, son prix et son encombrement peuvent freiner l'achat, il est plutôt recommandé pour un usage très fréquent.

panier en inox
certaines marques proposent des paniers très pratiques, parfaitement adaptés aux casseroles. Pour cuire : légumes, petites papillotes, bouchées, muffins et petits gâteaux.

panier en bambou
Esthétique, bon marché et empilable, il est conçu pour cuire des petites bouchées ou petites portions. Il doit être légèrement plus petit que la casserole sur laquelle on le pose pour pouvoir s'encastrer sans déperdition de chaleur. Pour cuire : bouchées, petits gâteaux, riz.

LÉGUMES VERTS & CHÈVRE FRAIS

Pour 4 personnes

400 g
de haricots verts

+

250 g
de pois gourmands

+

250 g de fèves
pelées congelées

1 citron bio

+

150 g
de chèvre frais

+

½ botte
de menthe

10 minutes de préparation
13 minutes de cuisson

• Nettoyer les légumes, équeuter les haricots verts.

• Cuire les haricots sur la grille du cuit-vapeur 7 minutes. Ajouter les fèves encore congelées et les pois gourmands. Poursuivre la cuisson 6 minutes.

• Verser les légumes dans un saladier. Ajouter la menthe ciselée, le zeste du citron, la moitié de son jus et 3 cuillerées à soupe d'huile d'olive. Assaisonner et mélanger.

• Au moment de servir, ajouter le chèvre émietté.

LÉGUMES À LA CHINOISE

Pour 4 personnes

1 brocoli

+

400 g
de haricots verts

+

3 gousses d'ail

3 cuillerées à soupe
d'huile de tournesol

+

2 cuillerées à soupe
de sauce d'huître

15 minutes de préparation
12 minutes de cuisson

- Équeuter les haricots verts. Couper les fleurettes de brocoli en deux ou en quatre selon leur taille. Rincer les légumes.
- Cuire les haricots directement sur la grille du cuit-vapeur 6 minutes. Remuer puis placer le brocoli dessus. Poursuivre la cuisson 6 à 7 minutes.
- Dans une petite casserole, faire dorer l'ail haché dans l'huile. Éteindre, ajouter la sauce d'huître et un peu de sel.
- Verser la sauce sur les légumes et mélanger. On peut servir avec du riz thaï.

TROIS CHOUX & ANCHOIS

Pour 4 personnes

1 brocoli

\+

½ chou-fleur

\+

½ chou romanesco

12 filets d'anchois à l'huile

\+

1 petit citron bio

\+

1 gousse d'ail

15 minutes de préparation
10 minutes de cuisson

- Détacher et nettoyer les fleurettes de tous les choux. Les répartir dans les deux paniers. Cuire 8 à 10 minutes selon son goût.
- Râper le zeste du citron sur les choux cuits. Ajouter les anchois coupés en deux.
- Presser le jus du citron sur l'ail haché. Assaisonner, verser 3 cuillerées à soupe d'huile d'olive et mélanger. Napper les choux de vinaigrette.

LE B.A.-BA
du poireau

Poireaux primeurs au printemps, poireaux d'été et poireaux de conservation sont présents sur les étals tout au long de l'année.

CHOISIR

Un feuillage vert soutenu, bien dressé et lisse sont gages de fraîcheur. Peu importe qu'il soit gros ou fin, la taille n'est pas un critère de tendreté.

NETTOYER

Retirer les racines et l'extrémité des feuilles trop dures. Séparer le blanc du vert. Fendre le vert en deux. Garder le blanc tel quel ou le fendre et le passer sous l'eau si nécessaire.

DÉCOUPER

En gros tronçons : s'ils sont fins et peu sales, pour des poireaux vinaigrette par exemple.

Fendus en deux : pour garder de la mâche et de la texture. Penser à contrôler la cuisson, ils doivent être cuits à cœur.

Émincés : pour une cuisson rapide et uniforme, pour des poireaux en papillote par exemple.

POIREAUX VINAIGRETTE SÉSAME & CACAHUÈTE

Ingrédients

4 gros poireaux
2 c. à soupe d'huile de sésame
3 c. à soupe de sauce soja sucrée
Le jus d'½ citron
5 g de gingembre râpé
1 c. à café de graines de sésame grillées
2 c. à soupe de cacahuètes grillées salées
Quelques brins de coriandre

Recette

Retirer les extrémités des poireaux. Les couper en deux. Fendre les tronçons pour pouvoir nettoyer entre les feuilles. Placer dans un panier vapeur et cuire 10 minutes. Mélanger la sauce soja, le jus de citron, l'huile de sésame, le gingembre, et les graines de sésame. Poivrer. Napper les poireaux encore tièdes de sauce, saupoudrer de cacahuètes. Ajouter les feuilles de coriandre.

CHOU CHINOIS & PATATE DOUCE

Pour 4 personnes

1 petit cœur de chou chinois

\+

250 g de champignons de Paris frais

\+

1 patate douce (environ 500 g)

2 gousses d'ail

\+

2 cuillerées à soupe d'huile de sésame

\+

2 cuillerées à soupe de sauce soja sucrée

15 minutes de préparation
20 minutes de cuisson

- Nettoyer les légumes. Éplucher la patate douce, la couper en deux puis en rondelles. Détailler le chou chinois en 8 à 12 quartiers selon sa taille. Couper les champignons en deux.
- Mettre la patate douce dans le premier panier et les autres légumes dans le second. Cuire 20 minutes.
- Hacher l'ail, le mélanger avec l'huile de sésame et la sauce soja. On peut ajouter un filet de jus de citron.
- Égoutter les légumes cuits et les mélanger à la sauce.

CAROTTE & PANAIS AU CHORIZO

Pour 4 personnes

1 botte
de carottes fanes

+

4 panais

+

100 g de chorizo

4 brins de thym

+

2 oranges bio

15 minutes de préparation
15 minutes de cuisson

- Nettoyer et éplucher les légumes. Couper les carottes en deux ou en quatre selon leur taille. Couper les panais à l'identique. Détailler des rondelles de chorizo. Peler les oranges à vif et prélever les quartiers.
- Répartir le tout dans les paniers avec le thym et mettre à cuire 15 minutes.
- Égoutter, assaisonner, puis servir avec 2 cuillerées à soupe d'huile d'olive et un peu d'eau de cuisson.

COURGE, KALE & QUINOA

Pour 4 personnes

+

+

200 g
de quinoa 3 couleurs

250 g
de feuilles de kale

½ potimarron

+

3 gousses d'ail

½ citron vert bio

15 minutes de préparation
30 minutes de cuisson

- Nettoyer le kale et déchirer grossièrement les feuilles. Éplucher le potimarron et le couper en fins quartiers.
- Mélanger le quinoa avec l'ail pressé. Assaisonner puis ajouter 20 cl d'eau. Mélanger et placer dans le premier panier. Cuire 20 minutes.
- Placer le potimarron et le kale dans le second panier. Poursuivre la cuisson 10 minutes.
- Verser le quinoa dans un plat. Ajouter les légumes égouttés, puis assaisonner avec le jus de citron et 2 cuillerées à soupe d'huile d'olive.

PATATE DOUCE, CAROTTE & DATTE

Pour 4 personnes

600 g de carottes multicolores

\+

500 g de patate douce

\+

150 g de dattes

1 cuillerée à soupe de ras el-hanout

\+

½ citron bio

\+

1 petite botte de coriandre

15 minutes de préparation
30 minutes de cuisson

• Dénoyauter les dattes. Éplucher les légumes. Les couper en rondelles de 0,5 cm.

• Cuire les carottes dans le premier panier 15 minutes.

• Placer la patate douce et les dattes dans le second panier. Poursuivre la cuisson 15 minutes.

• Mixer la moitié des dattes avec un peu de jus de cuisson des carottes, le ras el-hanout, le jus du demi-citron et 3 cuillerées à soupe d'huile d'olive. Verser la sauce sur les légumes, assaisonner et ajouter la coriandre hachée.

PAPILLOTE FENOUIL & ÉPICES

Pour 4 personnes

4 fenouils

+

4 anis étoilés

+

1 petit pamplemousse rose

4 brins de thym

10 minutes de préparation
25 minutes de cuisson

• Peler le pamplemousse à vif, le couper en rondelles.

• Nettoyer les fenouils et les couper en 8 à 12 quartiers. Réunir tous les ingrédients dans un saladier. Saler, poivrer, verser 3 cuillerées à soupe d'huile d'olive et bien mélanger.

• Répartir sur 2 rectangles de papier cuisson, puis refermer les papillotes en pliant les bords. Disposer dans les paniers et cuire 25 minutes.

On peut remplacer le pamplemousse par 2 oranges.

LE B.A.-BA

de l'assaisonnement facile

Pour sortir du cliché de la cuisson vapeur light, sans goût ni gourmandise, usez et abusez d'exhausteurs de goût naturels !

MARINADES EXPRESS

Méditerranéenne : huile d'olive + ail + thym + zeste de citron

Épicée : paprika + piment + huile d'olive

Agrume : zeste d'orange et de citron + jus d'orange + un trait de jus de citron + huile d'olive + thym

Asiatique : sauce soja + huile de sésame + gingembre

VIANDE

• Rouler une viande dans des herbes ciselées (basilic, coriandre etc.) avant de les cuire en papillote.

• Ajouter une bonne cuillerée à soupe de pesto vert ou rouge sur la viande avant cuisson.

• Explorer les épices du placard : paprika, citronnelle ou une pointe de cannelle pour du poulet, épices à colombo, curry ou mélange mexicain pour du porc.

LÉGUMES & CÉRÉALES

• User et abuser des herbes, des condiments frais comme l'ail, l'oignon, la cebette, le gingembre.

• Penser au citron confit, aux tomates ou poivrons confits qui peuvent faire des merveilles émincés avec un mélange de légumes.

• Ajouter des branches de thym, de romarin ou de sauge à l'eau de cuisson pour parfumer les légumes lors de la cuisson.

POISSONS

• Zester un agrume sur un poisson blanc ou du saumon avant cuisson.

• Saupoudrer le poisson de paillettes d'algues

• Délayer 1 cuillerée à café de pâte de curry vert ou rouge dans 10 cl de lait de coco et arroser le poisson avant cuisson.

• Au moment de mettre en cuisson, ajoutez une cuillerée à soupe de crème épaisse sur le poisson, moelleux garanti !

POMMES DE TERRE & CIBOULETTE

Pour 4 personnes

1 kg de pommes de terre à chair ferme

+

1 botte de romarin

+

200 g de fromage blanc

1 échalote

+

1 botte de ciboulette

15 minutes de préparation
20 minutes de cuisson

- Laver les pommes de terre, frotter la peau. Faire un trou dans chaque pomme de terre à l'aide d'une pique à brochette. Glisser un brin de romarin dans chaque trou.
- Cuire directement sur la grille du cuit-vapeur 20 à 30 minutes selon leur taille. Vérifier la cuisson.
- Ciseler l'échalote et la ciboulette. Les mélanger au fromage blanc. Assaisonner.
- Servir les pommes de terre encore chaudes avec la sauce.

ROULEAUX DE CHOU CHINOIS

Pour 12 pièces

12 feuilles de chou chinois

\+

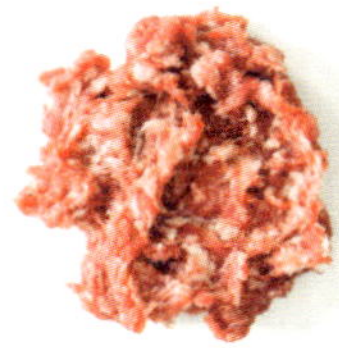

300 g de chair à saucisse

\+

25 g de gingembre

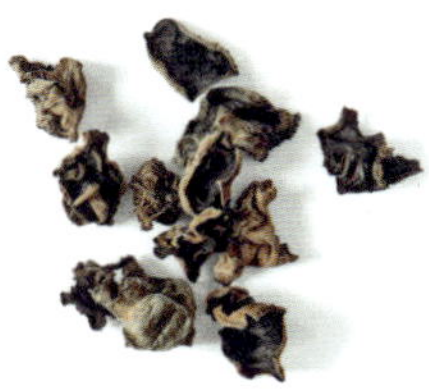

5 g de champignons noirs déshydratés

\+

4 cuillerées à soupe de sauce soja

\+

1 cuillerée à soupe d’huile de sésame

30 minutes de préparation
15 minutes de cuisson - 30 minutes de repos

- Précuire le chou 5 minutes sur la grille du cuit-vapeur.
- Tremper les champignons 30 minutes dans de l’eau chaude. Égoutter et hacher.
- Mélanger la chair à saucisse avec la moitié de la sauce soja, les champignons et le gingembre râpé. Poivrer. Émincer la base des feuilles de chou épaisse et les mélanger à la farce. Déposer une cuillerée de farce sur chaque feuille. Rouler, répartir dans les paniers et cuire 10 minutes.
- Pour la sauce, mélanger le reste de sauce soja avec l’huile de sésame.

FARCIS COURGETTE & CHÈVRE

Pour 8 pièces

2 courgettes

+

150 g de chèvre frais

+

150 g d'épinards

2 gousses d'ail

+

20 g de pignons grillés

10 minutes de préparation
12 minutes de cuisson

• Cuire les épinards 2 minutes sur la grille du cuit-vapeur. Laisser tiédir, puis presser entre les mains pour retirer l'eau. Hacher.

• Mélanger avec le chèvre et l'ail haché. Assaisonner. Couper les courgettes en deux puis les recouper dans la longueur. Évider le centre. Assaisonner. Garnir de chèvre.

• Les disposer dans les paniers et cuire 10 minutes. Servir avec les pignons grillés.

On peut mélanger des pignons à la farce.

GYOZA AUX LÉGUMES

Pour 35 pièces

20 disques de pâte à gyoza congelée

\+

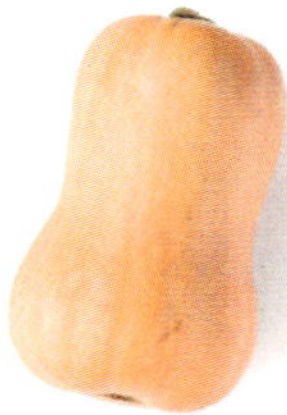

300 g de courge butternut

\+

4 feuilles de chou chinois

1 blanc de poireau

\+

3 cuillerées à soupe de sauce soja sucrée

\+

2 cuillerées à soupe d'huile de sésame

30 minutes de préparation
12 minutes de cuisson

- Nettoyer les légumes. Décongeler la pâte à gyoza. Râper la courge, émincer finement le chou et le poireau.
- Cuire les légumes dans un panier 6 minutes. Égoutter, puis mélanger à la fourchette avec la sauce soja. Poivrer.
- Déposer 1 cuillerée à soupe de farce au centre d'un disque de pâte. Mouiller les bords, puis rabattre pour former une demi-lune. Huiler légèrement la grille et déposer les raviolis. Cuire 6 à 7 minutes.
- Servir avec un mélange de sauce soja et d'huile de sésame. On peut aussi ajouter de l'ail haché à la farce.

BOUCHÉES AU PORC

Pour 20 pièces

1 paquet de wontons

\+

300 g de chair à saucisse nature

\+

20 g de gingembre

3 cuillerées à soupe de sauce de soja

\+

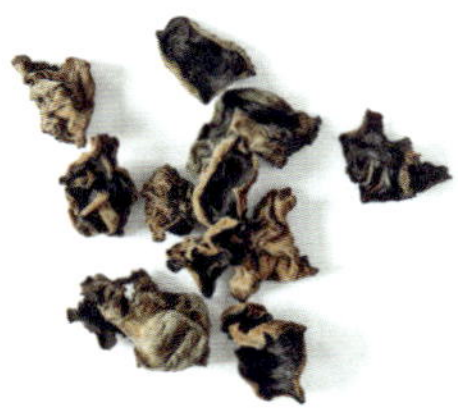

5 g de champignons noirs déshydratés

\+

2 oignons nouveaux

30 minutes de préparation
8 minutes de cuisson - 30 minutes de repos

- Tremper les champignons 30 minutes dans de l'eau chaude. Égoutter, hacher.
- Ciseler les oignons avec leurs tiges, hacher le gingembre. Mélanger tous les ingrédients de la farce.
- Déposer une cuillerée à café de farce au centre d'un disque de pâte. Mouiller les bords, puis rabattre sur la farce et presser pour former un bouchon. La pâte doit adhérer à la farce.
- Huiler légèrement la grille, déposer les bouchées et cuire 8 à 10 minutes.

RAVIOLIS AU PORC

Une base - 4 recettes

PÂTE À GYOZA
× 1 paquet

\+

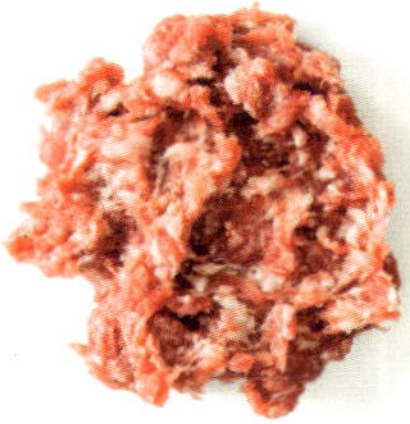

CHAIR À SAUCISSE
400 g

SAUCE SOJA SUCRÉE
2 cuillerées à soupe

MAÏZENA®
1 cuillerée à soupe, bombée

MODE D'EMPLOI

Mélanger tous les éléments de la farce. Ajouter ½ cuillerée à café de sel. Poivrer généreusement. Décoller les feuilles de gyoza. Déposer un peu de farce au centre. Mouiller légèrement les bords et fermer les raviolis en éventail.
Chemiser les paniers vapeur de papier cuisson. Ranger les raviolis en les espaçant bien. Cuire 7 minutes environ. Procéder en plusieurs fois ou congeler le reste.

LES RAVIOLIS AU PORC

1 CHAMPIGNONS-GINGEMBRE

CHAMPIGNONS NOIRS SECS
10 g, réhydratés et hachés

\+

GINGEMBRE
30 g, râpé

\+

OIGNONS NOUVEAUX
× 2, ciselés

2 CAROTTE-CORIANDRE

CAROTTE
× ½, en dés

\+

OIGNON
× ½, ciselé

\+

CORIANDRE
× ½ botte, haché

3 CHOU CHINOIS-SÉSAME

CHOU CHINOIS
× 3 grandes feuilles, cuites à l'eau, et émincées

\+

HUILE DE SÉSAME
2 cuillerées à soupe

\+

GINGEMBRE
40 g, râpé

4 CÉLERI BRANCHE-SHIITAKÉS

CÉLERI
× 2 branches, coupées en petits dés

\+

HUILE DE SÉSAME
2 cuillerées à soupe

\+

SHIITAKÉS SECS
× 4 petits, réhydratés et coupés en dés

FARCIS CHAMPI-CREVETTE

Pour 24 pièces

24 champignons de Paris moyens

\+

250 g de crevettes crues congelées, décortiquées

\+

1 petite carotte

1 petite cuillerée à soupe de Maïzena®

\+

1 blanc d'œuf

\+

8 brins de coriandre

30 minutes de préparation
8 minutes de cuisson

- Décongeler les crevettes. Couper la carotte épluchée en petits dés. Nettoyer les champignons.
- Mixer la moitié des crevettes avec le blanc d'œuf et la fécule. Couper le reste des crevettes en dés. Tout mélanger. Ajouter la coriandre hachée. En réserver pour la déco. Assaisonner généreusement.
- Déposer une belle cuillerée de farce sur chaque chapeau de champignon puis les placer dans les paniers. Cuire 8 minutes.
- Servir avec de la coriandre. On peut ajouter du gingembre râpé.

RAVIOLIS CREVETTE & BAMBOU

Pour 20 pièces

250 g de crevettes crues congelées, décortiquées

+

60 g de pousses de bambou en conserve

+

3 cuillerées à soupe de sauce soja sucrée

1 paquet de wontons

+

1 blanc d'œuf

+

1 cuillerées à soupe rase de Maïzena®

40 minutes de préparation
20 minutes de cuisson

- Décongeler les crevettes. Émincer les pousses de bambou.
- Mixer les crevettes avec le blanc d'œuf et la Maïzena®. Ajouter les pousses et la sauce soja. Assaisonner.
- Déposer 1 cuillerée à soupe de farce au centre d'un disque de pâte. Mouiller les bords, puis les souder en pinçant et en formant des plis. Déposer 5 raviolis par panier et cuire 5 minutes. Renouveler l'opération.
- Servir immédiatement avec un peu de sauce sriracha ou de sauce soja.

FRITTATA

Pour 4 personnes

6 œufs

60 g de chèvre frais

3 brins de menthe

1 petite courgette

1 gousse d'ail

5 minutes de préparation
6 minutes de cuisson

• Râper la courgette, ciseler la menthe. Fouetter les œufs avec l'ail pressé, la courgette et la menthe. Assaisonner.

• Huiler les 2 paniers avec un pinceau. Répartir délicatement les œufs. Parsemer de chèvre émietté. Cuire 6 à 7 minutes.

CÔTES DE PORC AU THYM

Pour 4 personnes

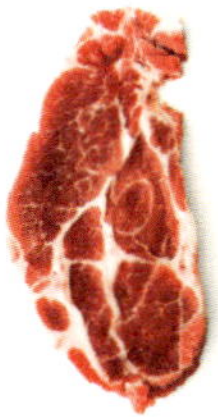

4 petites côtes de porc (100 g chacune)

\+

½ botte de thym

\+

1 citron bio

5 minutes de préparation
10 minutes de cuisson

- Assaisonner les côtes de porc.
- Placer des brins de thym sur la grille du cuit-vapeur. Déposer les côtes dessus, couvrir de thym et mettre à cuire environ 10 minutes.
- Servir avec un petit filet de jus de citron et du zeste.

PORC AU GINGEMBRE

Pour 2 à 4 personnes

1 petit filet mignon de porc (300 g environ)

+

3 gousses d'ail

+

50 g de gingembre

3 cuillerées à soupe de sauce soja sucrée

15 minutes de préparation
10 minutes de cuisson

• Couper le porc en lamelles. Éplucher, couper le gingembre en très fine julienne. Hacher l'ail.

• Choisir un saladier ou un récipient haut qui rentre dans l'appareil (plat en pyrex ou en émail). Y verser tous les ingrédients et cuire directement sur la grille du cuit-vapeur 10 à 12 minutes.

• Vérifier la cuisson et rectifier l'assaisonnement, si besoin.

FILET MIGNON STROMBOLI

Pour 4 à 6 personnes

1 filet mignon de porc (450 g environ)

+

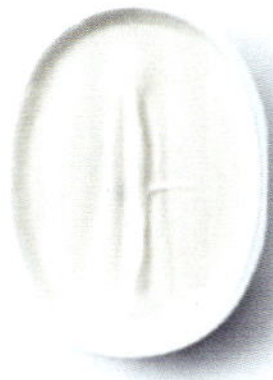

80 g de fromage frais

+

125 g de tomates confites

2 gousses d'ail

+

½ botte de menthe

+

1 courgette

20 minutes de préparation
20 minutes de cuisson

- Mélanger le fromage avec l'ail pressé et la menthe hachée. Assaisonner. Couper la courgette en fines lamelles.
- Ouvrir le filet mignon en portefeuille. Taper avec un rouleau pour l'aplatir.
- Assaisonner. Tartiner la viande de fromage. Déposer des lamelles de courgette, puis faire une rangée de tomates. Rouler le filet mignon, le déposer sur du film alimentaire, puis rouler en serrant bien. Cuire 20 minutes sur la grille du cuit-vapeur.
- Laisser refroidir avant de couper en tranches.

OPINEL
inox

BLANC DE POULET FARCI

Une base - 4 recettes

POULET
× 1 blanc de 200 g

+

CARRÉ FRAIS
65 g

MODE D'EMPLOI

Saler, poivrer le poulet. Cuire 8 minutes à la vapeur. Éteindre et laisser reposer 10 minutes. Le poulet va finir de cuire doucement. Sortir le poulet pour qu'il refroidisse complètement. Mélanger tous les ingrédients de la farce. Inciser le blanc de poulet au centre sans couper jusqu'au bout. Ajouter la préparation au fromage. Filmer le poulet en boudin et réserver au frais au moins 2 heures. Couper en tranches et accompagner de légumes vapeur ou d'une grosse salade.

1

AIL-CIBOULETTE
+ 1 petite gousse d'ail, pressée
+ quelques brins de ciboulette, ciselée
+ 2 brins de persil plat, ciselés

2

TOMATES SÉCHÉES-BASILIC
+ 1 petite gousse d'ail, pressée
+ 25 g de tomates séchées, coupées en dés
+ 2 brins de basilic, ciselés

3

CÂPRES-OLIVES
+ 1 cuillerée à soupe de câpres fines
+ 25 g d'olives, hachées
+ un peu de thym

4

THON-ESPELETTE
+ 90 g de thon au nature., bien égoutté
+ 1 cuillerée à café de piment d'Espelette
+ quelques brins de ciboulette, ciselés

FARCIS DE VEAU

Pour 4 personnes

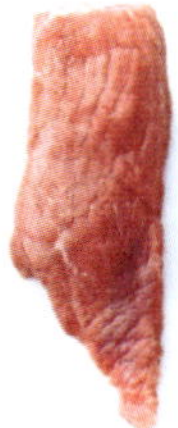

4 grenadins de veau (125 g chacun)

+

50 g de pistaches décortiquées, non salées

+

50 g de câpres

45 g d'anchois à l'huile

+

6 brins de romarin

10 minutes de préparation
10 minutes de cuisson

- Hacher les pistaches, les câpres et les anchois préalablement égouttés.
- Ouvrir les grenadins de veau en portefeuille. Garnir de farce. Ficeler pour maintenir le tout.
- Mettre la moitié du romarin dans un panier, déposer les grenadins et couvrir du reste de romarin. Cuire 10 minutes.
- Poivrer au moment de servir.

POULET FAÇON TOM KHA KAI

Pour 2 personnes

250 g
de blanc de poulet

\+

10
champignons de Paris

\+

4 bâtons
de citronnelle

25 cl de lait de coco

\+

1 citron vert bio

\+

1,5 cuillerée à soupe
de sucre

15 minutes de préparation
15 minutes de cuisson

- Choisir un récipient haut qui rentre dans l'appareil. Nettoyer les champignons, les couper en quartiers. Émincer la citronnelle.
- Émincer le poulet. Mettre tous les ingrédients sauf le citron dans le plat. Bien mélanger, saler puis filmer à l'aide d'un film alimentaire résistant à la chaleur.
- Poser le plat directement sur la grille et cuire 15 à 17 minutes.
- Servir avec un filet de jus de citron vert et un peu de zeste. On peut ajouter 30 g de galanga en lamelles.

POULET CITRON & CORIANDRE

Pour 2 personnes

300 g
de blancs de poulet

+

1 citron confit moyen

+

4 pommes de terre
à chair ferme

2 cuillerées à soupe
de ras el-hanout

+

12
olives de Kalamata

+

½ botte de coriandre

15 minutes de préparation
20 minutes de cuisson

• Couper le poulet en morceaux et le citron en dés. Les mélanger avec 1,5 cuillerée à café d'épices, la coriandre hachée et les olives. Assaisonner.

• Déposer les pommes de terre en morceaux dans le premier panier, saler et saupoudrer des épices restantes.

• Mettre le poulet sur une feuille de papier cuisson. Fermer la papillote en pliant les bords.

• Cuire les pommes de terre 8 minutes. Placer la papillote de poulet dans le second panier et poursuivre la cuisson 12 minutes.

POULET MOUTARDE

Pour 4 personnes

500 g
de blanc de poulet

+

20 cl de crème
fraîche épaisse

+

8 cl de vin blanc

1 échalote, ciselée

+

2 cuillerées à soupe
de moutarde à l'ancienne

+

5 brins d'estragon

10 minutes de préparation
12 minutes de cuisson

• Choisir un saladier ou un récipient haut qui rentre dans l'appareil (plat en pyrex ou en émail).

• Couper le poulet en gros morceaux. Mélanger tous les ingrédients dans le plat. Assaisonner. Couvrir de film alimentaire résistant à la chaleur et cuire 12 à 15 minutes.

BRANDADE DE MORUE

Pour 2 à 4 personnes

250 g
de pommes de terre

+

400 g de morue
dessalée sous vide

+

2 grosses
gousses d'ail

8 cl d'huile d'olive

+

4 brins de persil plat

10 minutes de préparation
25 minutes de cuisson

• Presser l'ail, couper la morue en cubes, hacher le persil.

• Éplucher et couper les pommes de terre en cubes. Cuire directement sur la grille 18 minutes.

• Ajouter la morue, poursuivre la cuisson 5 minutes. Transvaser le tout avec l'eau de cuisson dans un récipient. Retirer les arêtes si besoin. Ajouter l'ail, écraser à la fourchette en incorporant l'huile petit à petit. Ajouter le persil, poivrer, goûter, rectifier l'assaisonnement si besoin.

CABILLAUD HOR MOK

Pour 4 personnes

500 g
de filets de cabillaud

+

1 petite cuillerée
à soupe de pâte
de curry rouge thaï

+

1 cuillerée à café
bombée de sucre

2 œufs

+

5 feuilles
de lime, congelées

+

12,5 cl de lait de coco

15 minutes de préparation
10 minutes de cuisson

• Couper le poisson en cubes. Ciseler les feuilles de lime.

• Choisir un récipient haut qui rentre dans l'appareil. Y verser le lait de coco avec le curry, le sucre, les œufs et les feuilles de lime. Ajouter le poisson et ½ cuillerée à café de sel.

• Mélanger avec une cuillère en bois jusqu'à ce que la préparation devienne légèrement collante.

• Cuire directement sur la grille du cuit-vapeur 10 à 12 minutes. On peut servir accompagné de riz thaï et de 2 cuillerées à soupe de nuoc-mâm.

PAPILLOTE FLÉTAN AU PESTO

Pour 2 personnes

2 filets de flétan, décongelés

\+

1 botte de basilic

\+

1 gousse d'ail

150 g
de tomates cerises

\+

300 g
de petits pois congelés

10 minutes de préparation
10 minutes de cuisson

- Mixer le basilic, 5 cl d'huile d'olive et l'ail pour obtenir un pesto. Assaisonner.
- Sur 2 grands rectangles de papier cuisson, répartir les petits pois encore congelés et les tomates coupées en deux.
- Déposer les filets de poisson assaisonnés sur les légumes. Napper de pesto, puis fermer la papillote en repliant les bords.
- Déposer dans les paniers et cuire 10 minutes. On peut servir avec un filet de jus de citron.

PAPILLOTE CABILLAUD-LÉGUMES

Pour 2 personnes

2 pavés
de dos de cabillaud
(200 g chacun)

+

125 g
de pois gourmands

+

125 g
de tomates cerises

1 petit brocoli

+

2 grosses gousses d'ail

10 minutes de préparation
8 minutes de cuisson

- Nettoyer les légumes, détacher les fleurettes de brocoli, les couper en deux ou en quatre selon leur taille. Émincer l'ail.
- Répartir les légumes sur 2 rectangles de papier cuisson. Assaisonner.
- Assaisonner les cabillauds puis déposer chacun sur les légumes. Fermer les papillotes en pliant les bords. Disposer dans les paniers. Cuire 7 à 8 minutes.
- Servir avec un filet d'huile d'olive.

PAPILLOTE DE CABILLAUD

Une base - 4 recettes

CABILLAUD
× 1 pavé de 170 g

+

HUILE D'OLIVE
2 cuillerées à soupe

MODE D'EMPLOI

Couper des feuilles de papier cuisson de 40 x 30 cm environ. Saler, poivrer le poisson. Déposer la garniture sur le papier (sauf l'anchoïade, le gingembre, la cébette et la sauce soja). Ajouter le poisson, l'huile d'olive, l'anchoïade ou le gingembre, la cébette et la sauce soja. Fermer la papillote en pliant le papier comme un bonbon. Cuire 10 à 12 minutes environ.

1

GINGEMBRE-CÉBETTE
+ 30 g de gingembre, coupé en fine julienne
+ 1 cébette, émincée
+ 2 cuillerées à soupe de sauce soja

2

ANCHOÏADE-TOMATES
+ 2 cuillerées à soupe d'anchoïade
+ 250 g de tomates cerises, coupées en 2
+ 4 brins de basilic

3

TOMATE SÉCHÉE-FÈVES
+ 60 g de tomate séchée, émincée
+ 100 g de fèves, écossées
+ 1 courgette, coupée en lamelles

4

CHAMPIGNONS-AIL
+ 400 g de poêlée de champignons, décongelée et égouttée
+ 1 grosse gousse d'ail hachée
+ 2 brins de persil plat, ciselés

DAURADE TIKKA MASALA

Pour 2 personnes

1 petite daurade (400 g)

\+

10 cl de crème de coco

\+

20 g de gingembre

1 cuillerée à soupe de garam masala

\+

½ botte de coriandre hachée

\+

½ citron vert bio

15 minutes de préparation
12 minutes de cuisson - 10 minutes de repos

- Mélanger la crème de coco, le gingembre râpé, les épices, la coriandre et le jus du citron vert.
- Couper la queue de la daurade pour qu'elle puisse entrer dans le panier.
- Faire des entailles dans la chair puis l'assaisonner généreusement. Poser dans un plat, verser la marinade et réserver 10 minutes au frais.
- Verser le tout sur un grand rectangle de papier cuisson. Fermer la papillote en repliant les bords et poser sur un panier. Cuire 12 minutes.

CREVETTES, AIL & CITRONNELLE

Pour 2 personnes

250 g de crevettes crues congelées, décortiquées

+

1 courgette

+

2 bâtons de citronnelle

1 grosse gousse d'ail

+

20 g de gingembre

+

½ citron vert bio

15 minutes de préparation
5 minutes de cuisson

• Décongeler les crevettes. Presser l'ail. Émincer finement la citronnelle et couper le gingembre en fine julienne. Mélanger le tout avec les crevettes. Assaisonner.

• Couper la courgette en fines tranches. Mélanger aux crevettes. Verser un filet de jus de citron. Placer sur un grand rectangle de papier cuisson et fermer la papillote en repliant les bords. Poser à plat sur la grille du cuit-vapeur : les crevettes ne doivent pas se chevaucher.

• Cuire 5 minutes. On peut servir avec de la coriandre.

BOUCHÉES DE CREVETTES

Une base - 4 recettes

CREVETTES CRUES, DÉCONGELÉES ET DÉCORTIQUÉES
250 g

BLANC D'ŒUF
× 1

+

MAÏZENA®
1 cuillerée à soupe

SAUCE SOJA SUCRÉE
2 cuillerées à soupe

MODE D'EMPLOI

Mixer la moitié des crevettes avec le blanc d'œuf, la sauce soja et la Maïzena®. Couper le reste des crevettes en dés. Saler légèrement et poivrer. Ajouter les garnitures et mélanger bien. Former des bouchées. Pour les champignons farcis, disposer la boule de farce sur les champignons. Chemiser les paniers vapeur de papier cuisson et cuire 6 à 8 minutes.

LES VARIANTES DES BOUCHÉES DE CREVETTES

1 CHAMPIGNONS NOIRS

CHAMPIGNONS NOIRS SECS
5 g, réhydratés et hachés

+

HUILE DE SÉSAME
1 cuillerée à soupe

+

CORIANDRE
× ½ botte, ciselée

2 GINGEMBRE FRAIS-CURRY

GINGEMBRE
15 g, râpé

+

CURRY EN POUDRE
1 cuillerée à café, bombée

+

PETITS POIS
60 g, congelés

3 CHAMPIGNONS FARCIS

CAROTTE
× 1 petite, coupée en petits dés

+

CORIANDRE
× ½ botte

+

CHAMPIGNONS DE PARIS MOYENS
× 20, sans la queue

4 CITRON CONFIT-CUMIN

CUMIN
1 cuillerée à soupe

+

CITRON CONFIT
× ½

+

GINGEMBRE
15 g, râpé

SAINT-JACQUES & AGRUME

Pour 4 personnes

12 grosses noix de Saint-Jacques

+

2 oranges à jus

+

½ petit pamplemousse rose

½ cuillerée à café de sucre

+

12 grandes feuilles de basilic

+

Quelques baies roses

15 minutes de préparation
15 minutes de cuisson

- Presser le jus des 2 oranges et du pamplemousse puis le filtrer. Dans une petite casserole, faire réduire le jus de moitié avec le sucre et le zeste d'une ½ orange : il doit être sirupeux.
- Ajouter 3 cuillerées à soupe d'huile, mixer pour émulsionner. Enrouler chaque noix dans une feuille de basilic. Les disposer dans un panier. Saler, parsemer de baies roses entières.
- Mettre à cuire 3 minutes.
- Servir avec l'émulsion d'agrumes et un peu de zeste.

RIZ POULET & CHAMPIGNON

Pour 4 à 6 personnes

400 g de riz gluant

+

2 blancs de poulet, émincés

+

3 gousses d'ail

6 shiitakés

+

2 cuillerées à soupe d'huile végétale

+

4 cuillerées à soupe de sauce soja sucrée

20 minutes de préparation
35 minutes de cuisson - 1 nuit de repos

- La veille, faire tremper le riz. Faire tremper les champignons dans 30 cl d'eau. Le lendemain, égoutter et réserver l'eau de trempage des champignons.
- Poser sur la grille un linge fin humidifié. Cuire le riz 30 minutes, retourner à mi-cuisson.
- Faire dorer les champignons émincés dans l'huile avec l'ail émincé. Ajouter le poulet, la sauce, ½ cuillerée à café de sel et 25 cl d'eau de trempage. Poivrer. Cuire 5 minutes.
- Mélanger tous les éléments. Laisser reposer 10 minutes.

RIZ AU CURRY

Pour 4 personnes

160 g
de riz basmati

\+

1 carotte

\+

100 g de petits pois
congelés

1 cuillerée à soupe
de curry en poudre

\+

30 g de raisins secs

\+

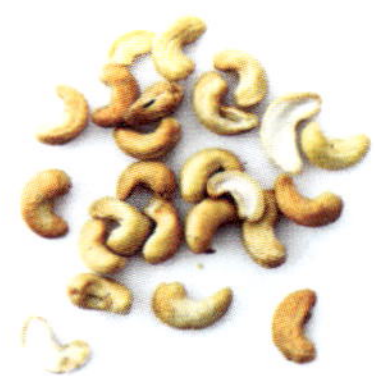

2 cuillerées à soupe
de noix de cajou

10 minutes de préparation
21 minutes de cuisson

• Choisir un plat à bords hauts aux dimensions du panier. Couper la carotte en dés. Peser le riz. Mesurer le même volume en eau.

• Mélanger tous les ingrédients dans un plat, sauf les petits pois et les noix. Assaisonner généreusement. Déposer le plat dans le cuit-vapeur et cuire 18 minutes sur la grille.

• Ajouter les petits pois congelés et poursuivre la cuisson 3 minutes.

• Mélanger pour égrener le riz. Servir, parsemé de noix de cajou.

RIZ
AUX CREVETTES

Pour 4 personnes

+

+

160 g de riz basmati

Fumet de poisson

1 échalote, ciselée

+

+

3 gousses d'ail

250 g de crevettes congelées crues

150 g de tomates séchées à l'huile

10 minutes de préparation
21 minutes de cuisson

• Choisir un plat à bords hauts aux dimensions du panier. Décongeler les crevettes. Les assaisonner et les mélanger avec la moitié de l'ail pressé. Réserver.

• Émincer les tomates. Peser le riz. Mesurer le même volume de fumet.

• Mélanger tous les ingrédients sauf les crevettes. Ajouter 2 cuillerées à soupe d'huile des tomates, assaisonner.

• Poser le plat sur la grille du cuit-vapeur et cuire 21 minutes. Ajouter les crevettes 4 minutes avant la fin de la cuisson. On peut servir avec du persil haché.

SEMOULE AUX LÉGUMES

Pour 4 personnes

220 g de semoule complète fine

2 petits navets

2 petites carottes

2 courgettes

1 cube de bouillon de légumes

10 minutes de préparation
20 minutes de cuisson

• Nettoyer et éplucher les légumes. Couper la carotte, les courgettes et les navets en tout petits dés. Déposer les légumes dans un panier. Assaisonner et cuire 8 minutes.

• Délayer le cube dans 15 cl d'eau bouillante. Verser sur la semoule. Ajouter 4 cuillerées à soupe d'huile, les légumes et leur jus de cuisson. Assaisonner, mélanger.

• Verser dans un plat à bords hauts en pyrex ou émaillé aux dimensions du panier et cuire 10 à 12 minutes. On peut servir avec de la coriandre.

QUINOA, ROMANESCO & TOFU

Pour 4 personnes

250 g de quinoa

\+

1 cube de bouillon de légumes

\+

½ chou romanesco

150 g de tomates cerises

\+

200 g de champignons de Paris frais

\+

200 g de tofu fumé

20 minutes de préparation
30 minutes de cuisson

• Nettoyer les champignons. Couper les fleurettes de chou et les champignons en deux ou en quatre. Couper le tofu en cubes.

• Délayer le cube de bouillon dans 25 cl d'eau bouillante. Verser sur le quinoa, remuer puis transvaser dans le premier panier. Cuire 10 minutes.

• Mettre tous les autres ingrédients à cuire dans le second panier et poursuivre la cuisson 20 minutes.

• Verser le quinoa dans un plat. Assaisonner les légumes et servir avec le quinoa. On peut ajouter de la ciboulette ciselée.

MUFFINS SALÉS

Une base – 4 recettes

ŒUF
× 1

+

LAIT
8 cl

FARINE AVEC LEVURE INCORPORÉE
100 g

HUILE D'OLIVE
2 cuillerées à soupe

MODE D'EMPLOI

Chemiser 2 ramequins ou 2 grands moules à muffins de papier cuisson. Mélanger la farine et la levure. Faire un puits, casser l'œuf, ajouter l'huile puis le lait petit à petit tout en fouettant pour éviter les grumeaux. Saler, poivrer, ajouter les garnitures puis verser dans les moules. Cuire 15 à 17 minutes.

1

CAROTTE

+ 1 carotte râpée (40 g)
+ 1 cuillerée à café bombée de curry en poudre
+ 6 brins de coriandre, ciselés

2

ROQUEFORT

+ 80 g de roquefort, émietté
+ 25 g de raisins secs
+ quelques brins de ciboulette, ciselés

3

JAMBON

+ 1 cuillerée à soupe de moutarde
+ 60 g de jambon, coupé en dés
+ 60 g de comté, coupé en cubes

4

TOMATES CONFITES

+ 25 g de tomates confites, coupées en dés
+ 40 g d'olives, dénoyautées et hachées
+ 2 brins de persil plat, ciselés

CAKE SARRASIN & CITRON

Pour 1 cake

4 œufs

240 g de sucre glace

75 g
de farine de sarrasin

75 g de farine avec
levure incorporée

1 citron bio

80 g
de purée d'amande

30 minutes de préparation
1 h 20 de cuisson - 1 heure de repos

- Chemiser un moule rond (17,5 cm de diamètre). Fouetter 3 blancs en neige.
- Fouetter 3 jaunes avec 90 g de sucre glace. Ajouter la purée d'amande et ½ jus de citron. Incorporer les farines tamisées. Incorporer les blancs en neige.
- Verser dans le moule. Filmer et cuire 40 minutes. Remettre de l'eau et cuire encore 40 minutes.
- Fouetter le blanc d'œuf avec 150 g de sucre glace et le jus de citron restant. Verser le glaçage sur le gâteau froid. Laisser reposer 1 heure au frais.

GÂTEAUX VAPEUR

Une base - 4 recettes

ŒUF
× 1

+

LAIT
8 cl

FARINE AVEC LEVURE INCORPORÉE
100 g

CASSONADE
50 g

HUILE
2 cuillerées à soupe

MODE D'EMPLOI

Chemiser un petit moule de papier cuisson (15 x 5 cm). Séparer le jaune du blanc d'œuf. Monter le blanc en neige ferme, réserver. Fouetter le jaune avec la cassonade. Ajouter le lait, l'huile (et l'amande amère, la cannelle, le zeste d'orange si utilisés), mélanger. Incorporer la farine, la levure (et le cacao si utilisé) tamisées ensemble. Ajouter la coco râpée, le sésame, la poudre de pistache après la farine. Incorporer le blanc en neige délicatement. Verser dans le moule. Répartir les fruits ou le chocolat. Mettre à cuire 30 à 35 minutes en ayant prévu assez d'eau au préalable.

1

AMANDE-FRAMBOISES
+ 1 cuillerée à café d'extrait d'amande amère
+ 150 g de framboises
+ 35 g de poudre de pistaches

2

CHOCOLAT-SÉSAME
+ 1 cuillerée à soupe de cacao en poudre
+ 2 cuillerées à soupe de graines de sésame
+ 80 g chocolat noir, coupé en morceaux

3

COCO-CHOCO-BANANE
+ 35 g coco, râpée
+ 80 g chocolat noir, coupé en morceaux
+ 1 banane, coupée en rondelles

4

POMME-CANNELLE
+ 1 pomme, coupée en cubes
+ 1 cuillerée à café de cannelle
+ le zeste de 1 orange bio

CRÈME VANILLE CARAMEL

Pour 4 personnes

4 œufs

+

60 cl de lait

+

170 g de sucre

2 gousses de vanille

20 minutes de préparation
50 minutes de cuisson – 4 heures de repos

- Porter le lait à ébullition avec les gousses fendues et grattées.
- Fouetter les œufs avec 80 g de sucre. Verser le lait tiédi en le filtrant puis mélanger.
- Mettre 90 g de sucre dans une casserole et chauffer jusqu'à obtenir un caramel ambré. Verser le caramel dans un petit moule de 14,5 cm de diamètre. Faire tourner rapidement le moule pour répartir le caramel.
- Verser la crème dans le moule, filmer et cuire 50 minutes. Laisser refroidir avant de réserver 4 heures au frais.

FLANS SUCRÉS

Une base - 4 recettes

ŒUFS
× 3

+

LAIT
30 cl

FARINE
50 g

CASSONADE
50 g

MODE D'EMPLOI

Beurrer et fariner un plat de 22 x 14 cm. Mélanger la farine et la cassonade (et le cacao, si utilisé). Incorporer les œufs un à un en fouettant. Ajouter le lait, puis l'arôme (vanille, zeste, rhum ou coco). Verser dans le moule. Répartir les fruits ou le chocolat. Couvrir d'un film alimentaire spécial cuisson. Cuire 45 minutes en vérifiant le niveau de l'eau à mi-cuisson. Le centre doit être légèrement tremblotant. Laisser refroidir avant de déguster.

LES VARIANTES DES FLANS SUCRÉS

1 — PRUNEAUX-RHUM

PRUNEAUX DÉNOYAUTÉS
× 1 douzaine

\+

RHUM
3 cl

\+

VANILLE LIQUIDE
1 cuillerée à soupe

2 — MYRTILLES-CITRON

MYRTILLES
250 g

\+

ZESTE DE CITRON BIO
× 1 citron

\+

VANILLE LIQUIDE
1 cuillerée à soupe

3 — FRAMBOISES-POIRE

FRAMBOISES
200 g

\+

POIRE
× 1 petite,
mûre et coupée en dés

\+

SUCRE VANILLÉ
× 1 sachet

4 — COCO-CACAO

COCO
80 g, râpée

\+

CACAO EN POUDRE
1 cuillerée à soupe

\+

CHOCOLAT
100 g, coupé en gros morceaux

PETITS POTS CHOCOLAT

Pour 4 pots

25 cl de lait

+

2 petits œufs

+

100 g de chocolat noir

5 minutes de préparation
15 minutes de cuisson - 2 heures de repos

• Porter le lait à ébullition. Verser sur le chocolat préalablement haché. Attendre 1 minute puis mélanger au fouet jusqu'à obtenir un mélange homogène.

• Incorporer les œufs un à un, tout en fouettant.

• Verser dans des verrines avec couvercles. Fermer les couvercles. Disposer sur un panier et mettre à cuire 15 minutes.

• Retirer les couvercles. Laisser refroidir avant de réserver au moins 2 heures au frais.

GÂTEAU MARBRÉ

Pour 1 gâteau

150 g de farine avec levure incorporée

3 œufs

110 g d'huile de coco

60 g de lait de coco

80 g de chocolat noir

85 g de sucre roux

30 minutes de préparation
50 minutes de cuisson

• Beurrer et fariner un petit moule à cake (17 x 7,5 cm). Réserver. Faire fondre, dans 2 bols, le chocolat haché et l'huile de coco.

• Fouetter les blancs en neige. Fouetter les jaunes avec le sucre. Ajouter le lait de coco et l'huile. Ajouter la farine. Incorporer les blancs en neige.

• Diviser la pâte en deux. Parfumer une des pâtes de chocolat fondu.

• Verser les pâtes dans le moule en alternant les couleurs. Filmer et cuire 50 minutes. On peut ajouter 1 cuillerée d'extrait de vanille à la pâte blanche.

58, rue Jean Bleuzen, 92178 Vanves Cedex

Suivi d'édition : Aurélie Legay
Correction : Émilie Collet
Mise en page : Chimène De

Dépôt légal : février 2022
8928954
ISBN : 978-2-501-16606-5
Achevé d'imprimer : janvier 2022
sur les presses de Graficas Estella en Espagne

PAPIER À BASE DE FIBRES CERTIFIÉES

MARABOUT
s'engage pour l'environnement en réduisant l'empreinte carbone de ses livres.
Celle de cet exemplaire est de :
2200 g éq. CO_2
Rendez-vous sur
www.marabout-durable.fr